화랑유원지에 흐르는 빛

화랑유원지에 흐르는 빛

김은정 시집

시인의 말

하늘이 열리면
화랑유원지 위로
손에 손을 잡은 우리들이
오르내리는 것을
　볼 수 있다
　강강수월래

흰 옷 입은 우리들이
　춤추는 것도
　볼 수 있다
　강강수월래

차례

시인의 말　　　5

1부

사슴과 나　　　13
보기만 해도 기쁜 벗　　　16
가을　　　18
춤추는 아이　　　19
화랑유원지에 흐르는 빛　　　21
단원구청 앞 유휴지의 해바라기　　　23
그날　　　25
단원 김홍도의 빛　　　26
노적봉 속 고양이　　　28
낙타의 길　　　29
대부도에서　　　31
안산천　　　34

2부

택배보관함	39
화랑유원지	40
보라	43
시	45
의식의 빛	46
52번 버스 안에 핀 백일홍	47
사랑의 관계	48
천사가 되는 방법	49
리듬	50
오늘은 참빛	51

3부

지금 이 순간의 벗에게	55
마음 너머에, 대부도에	56
목화솜의 비유	57
코로나는 스승	59
내 마음 속에 그리운 그대	60
반월공단	62
너는 창조주를 닮았다	64
용기	65
새로운 길이 열리는 때	66
지금의 만찬	67

4부

우연의 숲	71
햇빛, 별빛, 눈빛	72
안산읍성	73
성호의 거문고	75
새로운 바다	76
거리 두기	77
수난과 환희	78
성호박물관	79
즐거운 하루	80

• 일러두기

　페이지의 첫줄이 연과 연 사이의 띄어쓰기 줄에 해당할 경우 >로 표시합니다.

1부

사슴과 나

밤의 숲속에서
너를 들여다보는
나는 맨땅에 바위 속 어린아이

오늘도 모래바다를 높이 건너는
자애롭고 선한 너는
무척 높은 족속이었나 보다
달빛은 우수수 가랑잎 리듬을 타고

아라비아 해 난파된 배를 들여다보다
어찌할 수 없는 향수에
슬픈 모가지를 하는 너는
잃어버린 숲의 전설이었나 보다

깊은 바위산에서

어린 시절 악기를 꺼내놓고
먼 바다를
쓰고 쓰다 생각해보면 너는
모래바람 속 사슴

은빛 나팔을 불며
이미 낙원에 도착한 듯
먹구름을 헤쳐 나가는 너는
아라비안나이트 이야기 밖을
읽고 읽는
점잖은 너는
새로운 바다를 향해
너울을 거슬러오르는

지금

너는

모래바다 위 사슴

보기만 해도 기쁜 벗

사슴과 함께 걷는 여정
몸을 줄게
숨을 줄게
꿈을 줄게
내게 모든 걸 다 준 사슴이었다

꽃기린아, 사는 건 단순해
마룻바닥이 삐거덕거리도록
기도매트에 달과 별이 뜨도록
나무 사이를 걷고 또 걷는 일

보기만 해도 기쁜 벗
나의 사슴아,
하나로 영원해지는 우리의 길
이미 어디선가 내려진 결정의 그 길

때론 우리가 선택해서 가는 먼 길
바람 속에서 어깨를 걸고
함께 아니 기쁠까, 나의 벗

가을

아무래도 난 이 소리에
어울리는 사람인가 봐
해미읍성 한가운데 울려 퍼지는 소리
일러-어-어-어
벼 끌 때는 소리

아무래도 난 이 풍경에
스며드는 사람인가 봐
흰 옷 입은 여인들이 흥거움에
어깨를 들썩이는 소리
어허- 행이야
죽 드림 소리

춤추는 아이

나는야 춤추는 아이
신명난 악사에 둘러싸여 긴 소매를 펄럭이며
춤추는 아이
장구, 향피리, 북, 대금, 해금이
기쁨을 불어낸다
모든 불행이 쩍쩍 갈라지는 소리에
세상의 시간을 널뛰듯 널뛰어 춤추는 안산의 댕기
꼬리

춤에서 조선의 여백미를 보여주려고
동박새의 슬픈 마음을 위로하려고
마을의 안녕을 기원하며
노적봉 소나무군락지에서
생수가 터져 나오도록 춤추는 아이

\>

그림 신선 단원을 따라서

안산읍성을 돌 듯

기억교실을 돌 듯

덩더쿵 덩더쿵 춤추는 아이, 무동舞童*

* 김홍도의 그림

화랑유원지에 흐르는 빛

 흰 옷 입은 나비 떼가
 손에 손을 꼬옥 잡고 화랑유원지를 돌아나가며 강
강수월래

 세상의 모든 강에서 날아온 나비들
 누군가의 발에 짓밟힌 나비, 날개가 찢긴 나비, 창
에 찔린 나비
 막 죽임당한 나비

 다시 부활한 나비들이 화랑유원지로 강물 흐르듯
흘러간다
 강강수월래

 밤하늘에서 빛이 쏟아진다
 당신 자애의 빛

유유히 흐르는 빛

오래된 희망으로 흘러가는 빛

화랑유원지의 강강수월래

단원구청 앞 유휴지의 해바라기

단원구청 앞 유휴지에
맨몸으로 서 있는 해바라기들
요란한 꽃의 환영 구호나
땅을 뒤흔드는 북소리도 없지만
오로지 꽃의 연약함으로
꽃의 가벼움으로
다시 돌아온 해바라기들
바람 부는 꽃길 사이로
정처 없이 걷는 누군가를
꽃대가 올라온 자리로
세상을 이기는 자리로
이끌어주는 꽃의 힘
세상의 한쪽에 잊혀져가는 땅
유휴지를 노랗게 물들이며
강인한 꽃길을 세우는

안산의 해바라기들

그날

 그날에는 산마다 포도주가 흘러내리고 강마다 젖이 흘러내리고 땅마다 꿀이 흘러내리고 우리가 하나로 꽃피고 겨울 아침의 눈꽃처럼

단원 김홍도의 빛

아름다운 영혼
세상을 구원하는 빛
단원의 세상

족제비털붓
손에 들고
춤추는 듯이 그려라
새로운 세상을

조선의 아이들
조선의 여자들

단원구 아이들
단원구 여자들

\>
따듯한
자애의 빛 속에 살아라

노적봉 속 고양이

성포동의 가슴을

설레고 설레게 하는 길고양이

노적봉의 우리 친구

아침에 산책로를 달려오다가

멈춘 소나무군락지에

이슬 묻은 풀숲에

누가 웅성거리나, 이웃들

덕분에 고양이 밥상은

사료와 갈치구이, 참치로

여름 숲보다 풍요롭다

늘 벗들이 오가는 고양이집

눈 맑은 사람들이

세상의 고달픈 일 많아도

내 몸 사랑하듯

아끼며 돌보는 고양이

낙타의 길

너는 길이다
맡겨진 네 일 따라
국경을 지운 사막을 건너고
달빛에 무릎을 꿇는
너는 모가지가 긴 낙타이다

창고에 포개진 비단 천을 꺼내어
길고 긴 산등성이를 흐르는
그 옛날의 비단길을
너는 똑같이 살려내려 한다

그 길을 세상의 눈으로 가리지 말자
그 길을 세상의 저울로 가리지 말자

둥그렇게 비단길에 앉아 난을 뜯고

아라비아 해를 가볍게 건너자

등에 맡겨진 짐 따라

때로는 되돌아가면서

대부도에서

저 앞에
해당화 꽃피는 섬, 대부도
눈 밝은 도시에서 너를 찾아
섬을 건너온 섬

꿈같은 마을
마을 언덕에 해가 지면
투명하게 천년에 뛰어들어
무한을 노래하는 달처럼
자기 영혼으로 되돌아가는 섬

오늘 나는
홀로 해변을 걸어서
바람도 없는데 해당화를 꺾고
문득 주인도 없는 가게에 출출한 나머지

손바닥을 모으고 저 뱃사람의 세월을
숨을 죽이고 너를
가만히 들여다보면

참 늦게, 늦게
온 손님일 뿐이어서 미안해서 나는
모든 괴로움이 환상이라는
앉은뱅이 갈매기처럼
바다의 둘레만 그려보다가

떼를 지어오는 철새처럼
저 바다 속으로
네 안으로 날아 들어가

영혼의 바다에

몸이 다 젖었는지, 부풀은 너울을
참으로 만끽했는지
또 너를 기다리다가
바다에 얼굴을 밀어 넣어보면
이 섬은 언제나 혼자 있어도 충분한
해당화 순정의 대부도

안산천

너만 보면 흐르고 싶어서
물이 되었나봐
인샬라, 모두 내려놓을게요

너와 더 가까워지려고
화덕에 달을 굽고
첨탑에 별을 달았나봐
반월공단의 폐살처럼
중앙로에서 트롯을 불렀나봐
우리는 모두 죽었고
그리고
다시 살아났나봐, 모래처럼
등에 낙타를 가득 싣고서
너에게 가야지

\>

국경을 세운 바다라니

화물선의 쇠 항로를 등지고

별을 사랑하는 달처럼

보리수나무 가지를 흔드는

깨어난 영혼으로 가야지, 너에게로

2부

택배보관함

성포동의 사슴아,
길고 넓은 안산 땅을 관통하며
묵묵히 하루를 걷는 사슴아

너는 눈망울에 별을 달았구나
네 머리에 단 뿔은
아름다워 우리 영혼을 치유하고

사는 게 어려워도 사슴아,
다시는 택배보관함에 갇히지 마라
사람의 온갖 궂은일에
생기를 넣어주려고
신의 자애를 배달해주는 사슴아

화랑유원지

화랑유원지의 자작나무 숲을 걷습니다
묵묵히 숲을 걷다가 하늘에서 나를 내려다보는 당신에 놀라

당신 자애의 빛으로 걸어갑니다

비가 오네요, 나무 잎사귀마다 고인 물이 태양처럼 반짝이는 오후입니다
당신 자애의 빛 한 가운데서 그날에 노란 새가 나무 등걸 위로
날아간 것을 기억합니다

그 긴 밤, 우리가 종종 품어온 별들을
짬짬이 샘물처럼 만났던 시간을
어머니의 포용으로 끌어안아보면

한 번도 가본 적 없는 낙원의

어린아이와 사자의 노래가 들리고

그곳의 신성한 노래처럼

부드럽고 유연하게 들리는 말은

당신이 아름다웠으면 좋겠습니다

아침햇살에 유원지가 문을 열듯

당신 마음에도 푸른 잎사귀가 그려지고

백일홍이 꽃피어 벌들이 날아들고

한 번도 신의 비밀을 말하지 않았으나

어느덧 신을 닮은 당신이

꼭 당신만은 아닌 당신이

철없는 내가 마음을 비워가도록

부디 입술로 말해주면 좋겠습니다

>

당신이 더 아름다웠으면 좋겠습니다

보라

기억교실
이 교실의 책상에 앉아 있을 때, 어디선가 날아오는 제비꽃 향기

보라, 내 존재의 충만함을

보랏빛 보라인가?

아니야, 눈뜨고 보라
우리가 세상 끝날 까지 함께 하는 것을
그날에
물과 하나가 된 우리를
빛과 하나가 된 우리를

보라,

권능을 떨치며 이미 온 우리를
보라, 보이는가?

이제
제비꽃처럼 보이는
우리의 친구들
온 세상의 기쁨
그래, 살아있는 존재의 진실을
보라

보랏빛 영혼들

시

대낮에
앉을 방도 없고
밥 먹을 부엌도 없고
몸 씻을 욕실도 없는데
아무 것도 없는데
연필뿐인데

안산문화예술의전당 휴게실에
구부리고 앉아
나무의 푸른빛
구름의 고요함
그리고 너를 초대하는
한 장의
밥

의식의 빛

오늘은 첫날
새로운 날

생각의 폐수도
마음의 매연도
어제의 나도 사라졌어

고요하게
평화롭게
사슴같이 까만 눈을 깜박이며
찔레넝쿨을 훌쩍 뛰어넘으며
어린아이처럼 하늘을 올려다봐

의식의 빛처럼
눈부신 새날을 만들자

52번 버스 안에 핀 백일홍

백일홍이 예쁘게 피었다
내리는 꽃은 없고
오르는 꽃은 많은
초지동의 52번 버스
누군가 꽃만 볼 때
노랑머리의 운전기사는
백일홍 안의 백일홍
그곳에, 눈부신 백일홍을 본다
깜박 백일홍이 잠들어도
운전기사는 백일홍을 깨워서
기막히게 집을 찾아줄 수 있다
백일홍의 집은
햇빛이 눈부신 꽃밭이라네

사랑의 관계

백합을 바라본다
노란나비처럼 조용히
노란나비처럼 둘 뿐인 양

백합에 비치는 내 영혼

꽃잎처럼 벗겨지는 기억들
부드럽고 유연하고 강인한
백합에 비치는 내 얼굴, 백합

천사가 되는 방법

천사가 말했다
천사가 되는 비결은
죽기 전에 죽기

천사가 말했다
천사가 되는 비결은
살기 전에
모든 앎으로 끌어안기

리듬

성포동 까치들의 리듬
오늘의 전봇줄에 사뿐히 내려앉아
자신의 숨소리를 듣는 리듬
가장 깊은 내면의 샘과 만나고
잠든 영혼을 깨우는 리듬
손은 깨끗하고
마음은 가볍고
그 리듬 따라 전봇줄도
생기 있게 출렁출렁한다

오늘은 참빛

아침에 눈 뜨면
오늘 깨어난 넌 참빛

어제는 한낱 꿈
건널 수 없는 강

창세의 첫날
오롯한 마음으로
이웃을 바라보는

3부

지금 이 순간의 벗에게

친구야, 친구야 하고 부르는 바람에게

엄마, 엄마 하고 따르는 새 떼에게

내 안에 비치는 노을에게

지금 이 순간의 가을에게

다시 세워지는 세계에게

깨어난 벗에게

마음 너머에, 대부도에

어릴 땐 시골버스를 타고 마을 너머로 가보았다

여학생 땐 기차를 타고 바다에 가보았다

아줌마 땐 아기를 낳느라 죽음에 가보았다

요즘은 내 영혼을 따라 마음 너머에

해당화 핀 대부도에 가본다

대부도가 나누어주는 평화, 고요

그 황홀함에 빠져들어

목화솜의 비유

하늘나라는 목화솜 같다
조선의 사람이
목화 씨앗을 자기 밭에 뿌렸어
목화솜은 열매처럼 먹지는 못하지만
따듯한 이불솜으로 부풀어 올라
하늘의 새들이 와
그 이불을 덮어주었지, 목화솜 이불

하늘나라는 안산 같다
한국어를 모르는 이방인이
반월공단에 와 뿌리를 내릴 때까지
어떤 품보다도 포근하게
홀로 온 이방인을
길고 긴 겨울밤을
목화솜 이불처럼 덮어주는

안산은 하늘나라 같다

코로나는 스승

코로나 19에 걸려서
집에 있을 때
은행에 맡겨준 돈
가방 끈 긴 학벌
화장품에 매달린 외모
이런 것들이 모두
아무 것도 아니었다
내가 믿었던 우상들이
버려졌다, 너무도 쉽게
새장처럼 집에 갇힌 채
알았다, 내가 무엇인지를
하느님이 준 생명인 것을
이웃이 얼마나 소중한지를
코로나가 알려줬다

내 마음 속에 그리운 그대

당신을 향해 걷는 동안
나는 내가 되어간다

별의 표지 따라 수없이
방향을 바꾸어가며
점점 내 안의 당신과 마주친다

살아있는 내내
우주 깊숙한 곳으로 들어가
나는 당신을 걷고 있는 것이다

한 걸음
한 걸음
내 마음 속의 당신을 향해
길은 멀고 험해도

세상에서 자유로워지며 걷는다

반월공단

반월공단은 새 이웃이 찾아오고
새로운 생명이 꽃 피는 곳이다
아름다운 숲에 둘러싸여
물결치는 서해의 품에서
노동의 새벽이 밝아오는 곳이다
한때는 공장지대로 외면했다가
한때는 바다로 가는 길에 스쳤다가
이제야 꿈틀거리는 그곳을 알았다
삶의 새로운 길을 찾아서
나일 강을 건너고
인더스 강을 건너고
요르단 강을 건너고
안산에 아는 이 하나 없어도
가족의 사랑을 쌓아올리려
애쓰는 사람들의 저 공장지대는

우리 형제들의 일터이자

영혼의 안식처이다

너는 창조주를 닮았다

아무도 믿어주지 않더라도
너는 하느님의 딸이다
누가 인정해주지 않더라도
너는 하느님의 아들이다
샘물이 넘쳐흐르는
너는 생명의 빛이다
세상에서 도둑이나 거짓말쟁이라고
바보나 광신자라고
버려지고 놀림 당할지라도
너는 창조주의 자녀로
성스럽고 때 묻지 않은
생명의 샘으로
지금 여기에 있다

용기

우리가 아무리
상처가 많아도
약점이 많아도
낙담에 몸이 굳어버려도
우리는 다시 일어나 걸을 수 있다
죽음에 이르기 전까지
계속해서 걸어야 하고
변화해서 열매를 맺을 수 있다
오롯한 마음으로 꿈을 바라보면서
감사한 마음으로 되돌아보면서
이웃과 마음을 열고 만나면서
때론 고요한 침묵 속에서
다시 용기를 내 걸을 수 있다

새로운 길이 열리는 때

세상에 나 혼자일 때
외로울 때

그건 정말 좋은 때이어라

새로운 인연과
새로운 길이 나타날 것이라는
행운의 징표이다

내 영혼과
너의 영혼이
하나가 될 것을 예감하는

은총의 때이다

지금의 만찬

받아먹어라, 이것은 내 몸이다
받아 마셔라, 이것은 나의 피다
최후의 만찬에서 예수님이
빵과 포도주를 들어
열두 제자와 나눈 마지막 만찬
최후의 만찬

그러나
예수님이 사흘 만에 다시 살아나
부활한 후로는
모든 순간이 만찬이고
생명의 기쁨이다
우리를 치유하고 구원하는
지금의 만찬

4부

우연의 숲

산책 중 발견한 숲
숲 너머의 숲

안도의 한숨을 내쉬는 숲
은총과 고요와 평화가 가득한 숲

눈에 보이는 형상에
의존하는 마음이 사라진 숲

지금 여기의 나를
냉철하게
인식하도록 돕는 숲
내 안의 숲

햇빛, 별빛, 눈빛

한마음 세탁소에서
세탁물을 다리고 있는
친구의 정수리엔
아침 햇빛이 반짝

오계절떡집에서
해종일 손님을 기다리는
친구의 하품엔
저녁별이 반짝

두 가게가 문을 닫으면
늦은 손님의 아쉬운
눈빛이 반짝

안산읍성

들깨 향 묻은 가을바람이
읍성을 돌고 돈다
쓰다 달다
판단하는 마음이나
산전수전 다 겪었노라
분노하는 마음도
다 버린 듯한 가을바람이
가볍게 읍성을 돌고 돈다
그 바람 따라 읍성을 걷다보면
해와 달이 와
평화롭게 노는
내 자리도 깨닫게 되어
통 말이 없어지면서
다시 신발 끈을 묶게 되는
정확한 내 둘레를 깨닫게 되어

이즈음에서 다시

본향으로 돌아가는 안산읍성

성호의 거문고

성호박물관에서
성호의 거문고를 바라본다
팽팽하나 부드러운 거문고의 줄들이
주인의 손길로 음악을 울리기 시작한다

안산에 울리는 신비한 가락
같은 생명, 같은 마음으로
먼 나라의 이방인들까지 껴안는
사랑의 음악이 꽃 핀다

만물비아萬物備我, 성호의 사상처럼
멀리 떨어져도 하나로
깊은 울림이 되는 우리의 거문고

새로운 바다

서쪽 바다로 간다 너를 믿고 돛대도 아니 달고 떠난 그해의 어린아이처럼

지중해, 푸른 너울을 건너고 건너서 물살을 가르고 배는 떠난다

온 우주가 열리는 길
두려움 없는 사랑으로
파도를 넘어서는 용기로

바다 위로 언뜻언뜻 떠오르는 참빛, 내면의 빛을 따라서
새로운 바다로 간다

거리 두기

하늘과 땅 사이에
바람이 불듯이

나무와 나무 사이에
풀들이 자라듯이

거문고의 줄들이
서로 떨어져도 연주자가
조화로운 음악을 연주하듯이

사람과 사람 사이에
그리움이 출렁이듯이

적당히 거리두기

수난과 환희

열두 살 땐 아빠가
사우디에 일하러 갔고
쉰엔 남편이
파키스탄에 일하러 갔다
두 분 다 돈 벌려고 갔는데
오히려 돈을 잃었다
이것을 수난이대라고
한탄만 했던 일이
가만히 생각해보면
환희이대인 것 같다
신의 섭리에 따르면
은총이 가득한 일이라고
수용해보면 환희가 된다

성호박물관

고전이 많은 서재의 주인
그 서재를 내려가면
해풍에 열리는 실학자의 뜰
그 뜰 안에 내리는 비, 그 물빛에
장엄해지는 학자의 원의
아무도 굶어죽는 사람이 없기를,

지금 이방인과 어깨동무 하고
안산다문화거리 언덕을 오르는 성호는
중동의 새 하늘 새 땅을
안산처럼 사랑하는 성호는 혁명가

네 몸처럼 이웃을 대하라,
오늘도 안빈하고 자족하는 선비의
시들지 않는 이웃사랑

즐거운 하루

말하기는 달팽이처럼 느리게
느리게

성내기는 사슴과 아이보다 느리게
더 느리게

듣기는 전기차보다 빠르게 매우 빠르게
그리고 진심으로

김은정

김은정 시인은 경북 경산에서 태어났고, 한서대학교 문예창작학과와 단국대학교 석사과정을 졸업했다. 2015년 『애지』로 등단했고, 시집으로는 『아빠찾기』와 『독서하는 소녀』가 있다.

시집 『아빠찾기』와 『독서하는 소녀』가 존재론적 탐구와 이상적인 자아의 완성에 그 초점을 맞추고 있다면, 그의 세 번째 시집인 『화랑유원지에 흐르는 빛』은 충효사상과 임전무퇴의 화랑의 정신을 '만인평등의 정신'으로 변주시키고, "밤하늘에서 빛이 쏟아진다/ 당신 자애의 빛", "유유히 흐르는 빛/ 오래된 희망으로 흘러가는 빛", "화랑유원지의 강강수월래"(『화랑유원지에 흐르는 빛』)에서처럼, 아름답고 행복한 이 세상의 삶을 연주하고 있다고 할 수가 있다.

"그날에는 산마다 포도주가 흘러내리고 강마다 젖이 흘러내리고 땅마다 꿀이 흘러내리고 우리가 하나로 꽃피고 겨울 아침의 눈꽃처럼"(『그날』), 또는 "물과 하나가 된 우리를/ 빛과 하나가 된 우리를/ 보라/ 권능을 떨치며 이미 온 우리를/ 보라, 보이는가?"(『보라』)에서처럼, 김은정 시인은 자유와 평화와 사랑의 전도사이자 이 시대의 가장 뛰어난 서정 시인이라고 할 수가 있다.

이메일 eunjung8520@hanmail.net

김은정 시집
화랑유원지에 흐르는 빛

발 행	2024년 12월 15일
지은이	김은정
펴낸이	반송림
편집디자인	반송림
펴낸곳	도서출판 지혜, 계간시전문지 애지
기획위원	반경환
주 소	34624 대전광역시 동구 태전로 57, 2층 도서출판 지혜
전 화	042-625-1140
팩 스	042-627-1140
전자우편	eji@ji-hye.com
	ejisarang@hanmail.net
애지카페	cafe.daum.net/ejiliterature

ISBN   979-11-5728-562-4   02810
값   10,000원

이 책의 판권은 지은이와 도서출판 지혜에 있습니다.
양측의 서면 동의 없는 무단 전제 및 복제를 금합니다.

* 이 책은 2024년 안산시 문화예술기금으로 발간되었습니다.